DIE SACHTEXTFORSCHER

Von Fingerabdrücken, Phantombildern und Beweisen

Dr. Birgit Ebbert
Timo Grubing

circon

Bildnachweis:
fotolia.com: jgfoto 9; vitstudio 25; popup1 27; n3d-artphoto.com 29;
dzimin 36; cherylvb 37; zoka 74; jonasginter 61; Paul 63
Timo Grubing: 3; 5; 7; 9; 12; 14; 16/17; 18/19; 22; 32; 38; 46/47; 54/55; 59
shutterstock.com: jdwfoto 15; Couperfield 42; Billion Photos 52

© Circon Verlag GmbH
Baierbrunner Straße 27, 81379 München
Ausgabe 2019
2. Auflage

Text: Dr. Birgit Ebbert
Redaktion: Astrid Kaufmann
Fachkorrektur: Tanja von Ehrenstein
Produktion: Ute Hausleiter
Abbildungen: siehe Bildnachweis oben
Titelabbildung: Timo Grubing
Gestaltung: Roman Bold & Black, Köln
Umschlaggestaltung: Enrico Albisetti

ISBN 978-3-8174-1986-9
381741986/2

www.circonverlag.de

Was ist ein Verbrechen?

In Büchern und Filmen werden oft Verbrecher gejagt. Die Polizei versucht, denjenigen zu erwischen, der eine Straftat begangen hat. Aber weißt du eigentlich genau, was eine Straftat ist? Wahrscheinlich nicht. Denn oft ist es so, dass jeder etwas anderes für strafbar hält. Autofahrer finden es kriminell, wenn ein Radfahrer nicht auf dem Radweg fährt. Der Radfahrer dagegen schimpft, wenn ihm ein Autofahrer die Vorfahrt nimmt.

Damit nicht jeder Einzelne bestimmen kann, was strafbar ist, gibt es das Strafgesetzbuch. Darin ist zum Beispiel festgelegt, was ein harmloser Streit und was ein schweres Verbrechen ist. Das Strafgesetzbuch gibt auch an, welche Strafe man bekommt, wenn man ein bestimmtes Verbrechen begeht. Allerdings ist hier noch nicht das genaue Strafmaß festgelegt. Das wird erst vor Gericht entschieden, wenn der Täter überführt und verhaftet ist.

Was unterscheidet einen Raub von einem Diebstahl?

Ein Raub ist ein schwerer Diebstahl. Da nimmt jemand nicht einfach nur einen Kaugummi oder ein billiges Armband mit, sondern stiehlt sehr wertvolle Gegenstände oder Geld. Oft sind solche Täter mit einer Waffe unterwegs und bedrohen die Besitzer, bis diese aus Angst um ihr Leben das Geld oder den Schmuck hergeben. Auch Diebe, die eine Wohnung aufbrechen, um etwas zu stehlen, begehen einen Raub. Es kommt also vor allem darauf an, ob bei einem Diebstahl ░░░░░░ im Spiel ist. Ist das der Fall, dann handelt es sich automatisch um Raub. Deshalb spricht man zum Beispiel auch von Bankraub, wenn ein bewaffneter Täter eine Bank überfällt.

Ein Raub gilt als Verbrechen, ein einfacher Diebstahl dagegen nicht. Zwar wird auch ein Dieb bestraft, weil er gegen das Gesetz verstoßen hat. Er hat aber kein Verbrechen begangen, sondern ein sogenanntes Vergehen. Verbrechen sind dagegen schwere Straftaten, wie zum Beispiel Raub, Erpressung oder Entführung.

Kennst du noch andere Verbrechen?

Ein Verbrechen, das sehr schlimm enden kann, ist die Brandstiftung. Dabei legt jemand absichtlich ein Feuer, um etwas zu zerstören: zum Beispiel ein Haus oder ein Auto.

Es gibt Brandstifter, die nur zum Spaß ein bisschen zündeln wollen. Sie denken nicht daran, wie schnell dabei Personen in Gefahr geraten können. Andere zünden bewusst Gebäude an, um dem Besitzer zu schaden. Sie nehmen in Kauf, dass Tiere oder sogar Menschen in Lebensgefahr geraten.

Wer ist an der Verbrecherjagd beteiligt?

Wenn ein Verbrechen geschehen ist, stellt sich der Täter selten freiwillig der Polizei. In der Regel müssen die Beamten zuerst herausfinden, wer den Schaden angerichtet hat. Das kann ganz schön kompliziert sein. Deshalb gibt es bei der Polizei viele unterschiedliche Abteilungen, die bei der Verbrecherjagd zusammenarbeiten.

Weißt du, zu welcher Abteilung die Polizisten gehören, denen du häufiger auf der Straße begegnest?

Die Polizisten, denen du immer wieder auf der Straße begegnest, tragen Uniform. Jeder soll sofort sehen: Hier ist die Polizei unterwegs. Diese Beamten gehören zur Abteilung der Schutzpolizei. Ihre Aufgabe ist es, die Bevölkerung vor Verbrechen zu schützen. Außerdem werden sie als Erste an einen Tatort gerufen. Sie sollen sich zunächst einen Überblick darüber verschaffen, was passiert ist.

Die Schutzpolizisten gehen entweder zu Fuß durch die Stadt oder sie fahren im Auto Streife. Manche sind mit dem Motorrad oder mit dem Fahrrad unterwegs. Auf diese Weise sind sie schneller als zu Fuß. Außerdem können sie in enge Gassen fahren, durch die ein Streifenwagen nicht hindurchpassen würde. In großen Parkanlagen sieht man sie manchmal sogar auf dem Pferd. In Städten mit einem Fluss können sie mit dem Schiff unterwegs sein.

Sobald jemand die 110 wählt und eine Straftat meldet, begeben sich die Schutzpolizisten dort-

hin. Sie entscheiden vor Ort, ob sie sich selbst um die Angelegenheit kümmern können oder andere Abteilungen um Hilfe bitten müssen. Bei einem Unfall oder Diebstahl schreiben sie zunächst auf, was passiert ist, wer beteiligt war und ob es Zeugen gibt. Sie machen Fotos von dem Tatort. Wenn es Spuren geben könnte, die etwas über den Täter verraten, rufen sie die Spurensicherung.

Wenn die Polizisten der Schutzpolizei dagegen an einen Tatort kommen, an dem ein schweres Verbrechen verübt wurde, geben sie der Kriminalpolizei Bescheid. Diese übernimmt dann die Suche nach dem Täter.

Mit welchen Verbrechen beschäftigt sich die Kriminalpolizei?

Auch bei der Kriminalpolizei arbeiten Polizistinnen und Polizisten. Sie sind aber nicht auf den ersten Blick als solche zu erkennen, weil sie keine Uniform tragen. Auch sind sie nicht mit einem Streifenwagen unterwegs, sondern mit einem ganz normalen Auto. Im Notfall können sie ein tragbares Blaulicht auf das Autodach montieren. Vielleicht hast du das schon einmal beobachtet. Aufgabe der Kriminalpolizei ist es, schwere Verbrechen aufzuklären. Sie wird zum Beispiel dann geholt, wenn jemand überfallen, schwer verletzt oder sogar umgebracht wurde.

Die Kriminalpolizei fahndet auch nach Serientätern. Ein Serientäter verübt die gleiche Tat immer wieder. Er überfällt zum Beispiel mehrere Banken in verschiedenen Städten. Die Tat läuft meist nach demselben Muster ab.
Sie befasst sich außerdem mit Taten, bei denen die Opfer nicht sofort bekannt sind. Das ist zum

Beispiel bei Falschgeld so. Es gibt immer wieder Verbrecher, die Geldscheine nachmachen. Diese Scheine geraten in Umlauf und die Polizei weiß nicht, wie viele Menschen am Ende von diesem Betrug betroffen sind. Sie bekommen irgendwo beim Bezahlen einen falschen Geld-schein und bemerken es zuerst gar nicht.

Weshalb ist es eine schwere Straftat, Geld zu fälschen?

Wenn jeder sein eigenes Geld herstellen würde, gäbe es irgendwann so viel Geld, ░░░░░░░░░░░░ ░░ Wer gefälschtes Geld hat, muss es deshalb bei der Polizei abgeben. Stell dir vor, du hast auf dem Flohmarkt dein altes Fahrrad verkauft und 50 Euro dafür bekommen. Du willst dir davon ein Spiel kaufen und die Kassiererin bemerkt, dass dein 50-Euro-Schein gefälscht ist. ░░░░░░░░░░ ░░ ░░░░░░░░░░░░░ Dein Fahrrad ist weg und du kannst dir auch kein neues Spiel kaufen.

Damit das weder dir noch anderen Leuten passiert, jagt die Kriminalpolizei Geldfälscher.

Sie ist auch hinter Drogenhändlern her. Das sind Verbrecher, die Tabletten und andere Mittel verkaufen, die süchtig machen. Wenn jemand eine Zeit lang Drogen genommen hat, dann braucht er meist immer mehr davon. Er ist abhängig geworden. Vielen Drogenabhängigen reicht ihr Geld nicht aus, um genügend Drogen zu kaufen. Manche beginnen deshalb zu stehlen oder begehen andere kleinere Straftaten. Da die Drogenhändler die Sucht dieser Menschen ausnutzen, um sich zu bereichern, versucht die Kriminalpolizei ihnen das Handwerk zu legen.

Die Mitarbeiter der Kriminalpolizei haben meist zuerst eine Ausbildung bei der Schutzpolizei gemacht. Sie kennen also deren Arbeit und können sich deshalb gut mit den Beamten dort abstimmen. Die Kriminalpolizei muss aber auch mit anderen Abteilungen der Polizei zusammen-arbeiten. Das kommt ganz auf das Verbrechen an, das sie gerade untersucht. Die Spurensiche-rung ist fast immer dabei. Sie sammelt am Tat-ort Fingerabdrücke, Fußspuren und andere Hinweise auf den Täter.

Wenn es um Mord geht, muss auch die Leiche nach Hinweisen auf den Täter untersucht werden. Wer ist dafür zuständig?

Die Spurensicherung ist nur für Spuren an Gegenständen zuständig. Um die Spuren an den Opfern kümmert sich die Vor allem bei Mordfällen bespricht sich die Kriminalpolizei mit den Ärzten der Rechts-medizin. Diese prüfen zum Beispiel, ob sich unter den Fingernägeln des Opfers Haut-

spuren befinden. Solche winzig kleinen Haut-
teilchen könnten nämlich vom Täter stammen.
Vielleicht ist er vom Opfer gekratzt worden, als
es sich gewehrt hat. Es kann auch sein, dass
irgendwo am Körper des Opfers ein Haar des
Täters hängengeblieben ist.

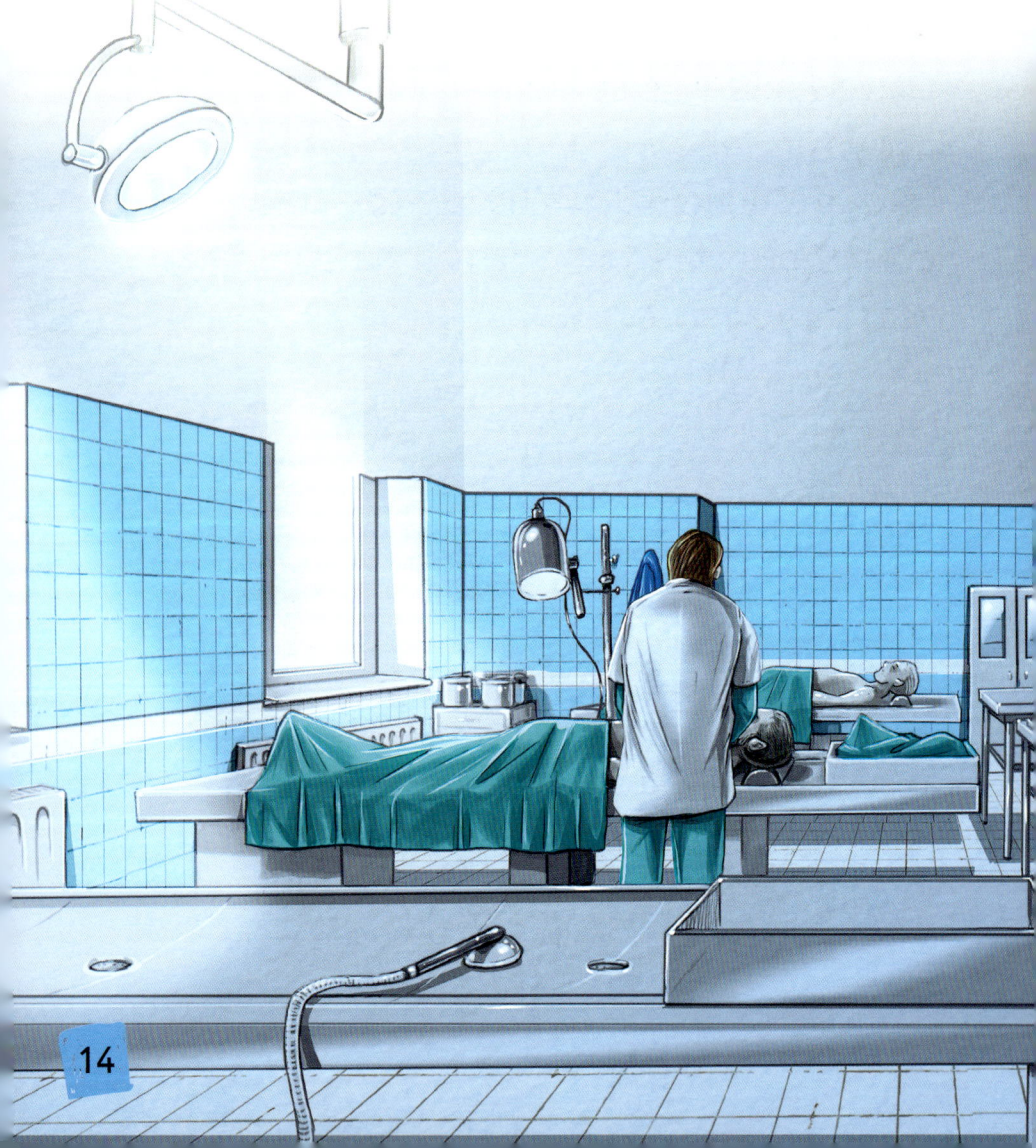

Die meiste Zeit sind die Polizisten der Kriminalpolizei aber damit beschäftigt, Informationen
zu sammeln und daraus Schlüsse zu ziehen.
Sie schauen in alte Akten und suchen Hinweise
im Internet. Sie befragen Zeugen, Opfer oder
mögliche Täter und versuchen sich ein Bild von
der Tat zu machen. In Krimis wirkt die Arbeit der
Kriminalpolizei immer sehr spannend. In Wirk-
lichkeit gibt es aber viele Tage, an denen die
Polizisten nur am Schreibtisch sitzen und Akten
lesen. Trotzdem ist es natürlich aufregend,
wenn es gelingt, einen Täter zu überführen.

Weißt du übrigens, was eine Hundertschaft ist?

Manchmal hört man in den Nachrichten, dass von der Kriminalpolizei eine Hundertschaft angefordert wurde. Hundertschaft bedeutet nicht, dass genau 100 Polizisten im Einsatz sind. Eine Hundertschaft ist eine große Gruppe von Polizisten, die spezielle Aufgaben hat.

Zum Beispiel wird sie eingesetzt, wenn ein größeres Gelände systematisch nach Spuren abgesucht werden soll. Das kann ein Waldstück sein oder eine große Ackerfläche. Die Augen einer Hundertschaft sehen eben deutlich mehr als die Besatzung eines Polizeiautos. Meist werden diese riesigen Einheiten von Polizisten aber bei großen Veranstaltungen oder Demonstrationen eingesetzt.

Was macht die Spuren-
sicherung am Tatort?

Wenn du schon einmal mit Tinte am Finger
etwas angefasst hast, weißt du, dass man
ganz schnell Spuren hinterlassen kann.
Das passiert auch Straftätern am Tatort. Sie
hinterlassen Fingerabdrücke oder Fußspuren,
Haare oder Hautschuppen.

Wenn sie sich bei der Tat verletzt haben, kann man am Tatort sogar Blutspuren finden. Dabei entgeht den Mitarbeitern der Spurensicherung auch das kleinste Tröpfchen nicht, selbst wenn der Täter versucht hat, es wegzuwischen.
Sie sprühen eine besondere Flüssigkeit auf die Fläche. Dadurch leuchtet der rote Farbstoff im Blut blau.

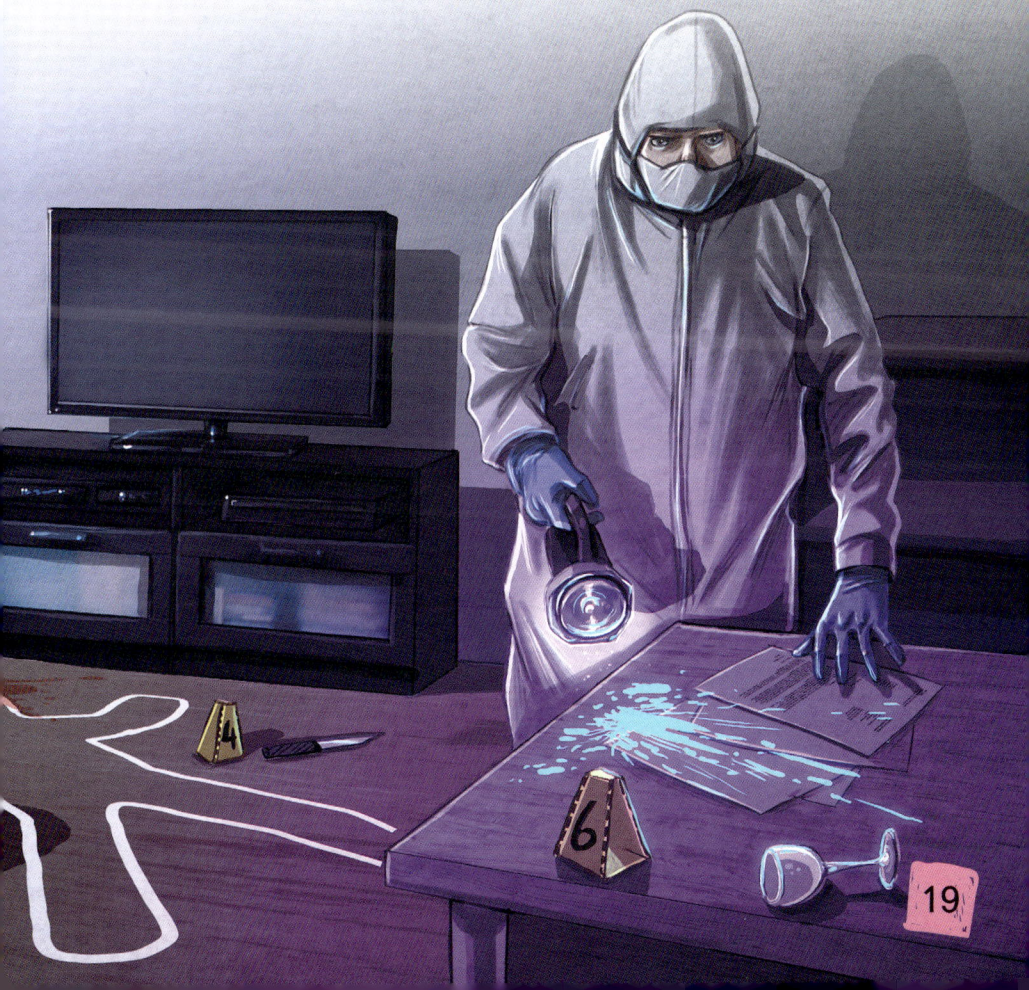

Die Spurensicherung muss möglichst schnell am Tatort sein und alles einsammeln, was vom Täter oder der Täterin stammen könnte. Vielleicht hat er oder sie in der Nähe eine Zigarette ausgedrückt oder einen Kaugummi weggeworfen. Womöglich ist ihm oder ihr ein Taschentuch aus der Tasche gefallen. Es kann auch sein, dass er oder sie etwas aufgeschrieben und den Zettel fallen gelassen hat. All diese Spuren können am Ende verraten, wer die Tat begangen hat.

Wichtig ist, dass die Spurensicherung den Tatort untersucht, solange ihn noch kein anderer betreten hat. Bevor die Polizisten die verdächtigen Gegenstände einsammeln, wird alles fotografiert. So kann man später überprüfen, ob etwas übersehen wurde oder ob jemand etwas abgelegt hat, das anfangs nicht am Tatort war. Das kommt tatsächlich manchmal vor, wenn ein Täter die Polizei absichtlich in die Irre führen will.

Die Leute von der Spurensicherung sind auch Polizisten. Sie haben eine besondere Ausbildung bei der Polizei gemacht. Dabei haben sie gelernt, immer ganz genau hinzusehen. Sie erkennen Dinge, die dir vermutlich nicht auffallen würden. Außerdem beherrschen sie spezielle Techniken zur Spurensicherung. Der Beruf, den diese Polizisten ausüben, nennt sich übrigens Kriminaltechniker. Manche Kriminaltechniker haben vorher eine Ausbildung im Handwerk gemacht oder studiert und nutzen ihr Wissen nun für die Arbeit am Tatort.

Warum tragen die Polizisten von der Spurensicherung am Tatort Handschuhe und einen weißen Overall?

Die Aufgabe der Kriminaltechniker ist es, Spuren zu sichern. Dabei müssen sie aufpassen, ▮▮▮▮▮ ▮▮▮▮▮▮▮▮▮▮▮▮▮▮▮▮▮▮▮▮▮▮▮▮▮▮▮▮▮▮▮▮▮▮ ▮▮▮▮▮▮▮▮▮▮▮▮▮▮ Die Mitarbeiter tragen Handschuhe, ▮▮▮▮▮▮▮▮▮▮▮▮▮▮▮▮▮▮▮▮▮▮▮▮▮▮ ▮▮▮▮▮▮▮▮▮▮▮ Manchmal haben sie auch spezielle Anzüge an, ▮▮▮▮▮▮▮▮▮▮▮▮▮▮▮ ▮▮▮▮▮▮▮▮▮▮▮▮▮▮▮▮▮▮▮▮▮▮▮▮▮▮▮▮▮▮▮▮▮▮ ▮▮▮▮▮▮▮▮▮

Kleine Dinge, die vom Täter stammen könnten, nehmen die Kriminaltechniker mit. Natürlich nicht einfach so in der Hosentasche! Sie verstauen jeden einzelnen Gegenstand in einer Tüte und schreiben genau drauf, wann und wo sie ihn gefunden haben.

Fingerabdrücke, Fuß- und Reifenspuren kann man natürlich nicht so einfach in Tüten packen. Fuß- und Reifenspuren werden mit Gips aus- gegossen. Wenn der Gips hart geworden ist, kann man den Gipsblock herausheben und hat auf der Rückseite die Fuß- oder Reifenspur.

Die Fläche, auf der man Fingerabdrücke ver-
mutet, wird mit feinem Pulver eingestäubt.
Dieses Pulver bleibt an dem leichten Schweiß-
und Fettfilm hängen, den die Finger hinterlassen
haben. Anschließend wird eine Folie über die
Abdrücke gelegt. Über das Pulver drückt sich
das Profil der Finger auf die Folie ab.

**Was geschieht mit den Spuren, die die Spuren-
sicherung gesammelt hat?**

So können die Ermittler
alle Informationen zu einer Tat an einer Stelle
sammeln. Mit dieser Methode kann überprüft
werden, ob ähnliche Spuren bereits bei anderen
Taten aufgetaucht sind. Und vielleicht helfen die
gespeicherten Fingerabdrücke ja auch bei der
Aufklärung eines späteren Verbrechens.

Welche Spuren verraten den Täter?

DNA

Es sind nicht nur die Fingerabdrücke, die einen Täter verraten. Schau dir einmal an, was sich während einer Schulstunde alles auf deinem Schreibtisch ansammelt: ein altes Taschentuch oder ein abgerissener Schnipsel aus deinem Schulheft, eine benutzte Trinkflasche, Tinten-spuren und vieles mehr. Mithilfe dieser Dinge könnte die Spurensicherung herausfinden, welches dein Platz ist.

Wie kann die Polizei an einer benutzten Trink-flasche ablesen, wem sie gehört?

Im Körper des Menschen sorgen viele kleine Zellen dafür, dass der Körper funktioniert. In jeder Zelle sind die Informationen darüber enthalten, wie ein Mensch aussieht – zum Beispiel, ob er Frau oder Mann ist, grüne oder blaue Augen hat.

Diese Informationen sind bei jedem Menschen anders. Man nennt sie ███. Die ███ befindet sich zum Beispiel ████████. Und an einer benutzten Trinkflasche sind mit Sicherheit ████████ dran. Die Polizei kann nun einen ████████ machen. Dazu vergleicht sie die DNA, die sie auf der Trinkflasche gefunden hat, mit der DNA eines Verdächtigen. Um die DNA des Verdächtigen zu bekommen, nehmen die Ermittler von ihm eine Speichelprobe.

Man fährt dazu mit einem Wattestäbchen kurz in die Mundhöhle des Verdächtigen. Und schon hat man genug Speichel, um im Labor die DNA zu ermitteln.

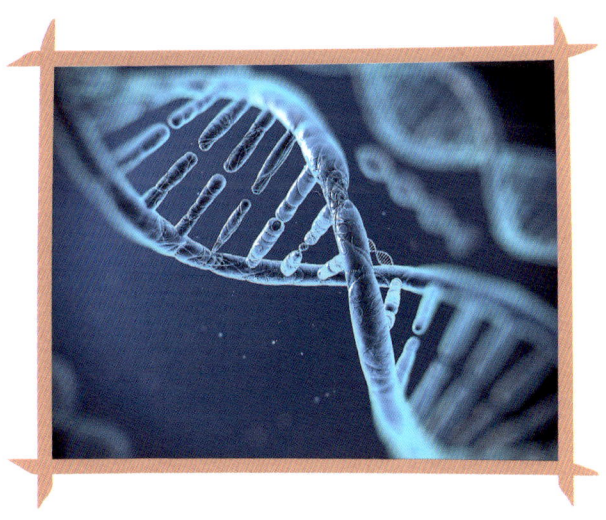

DNA befindet sich auch in der Haarwurzel eines ausgefallenen Haares, im Blut oder in Hautschuppen.

Wenn die Polizei Haare vom Täter am Tatort findet, freuen sich die Ermittler gleich doppelt. Dann wissen sie zum einen, welche Haarfarbe der Täter hat. Zum anderen bekommen sie durch die Körperzellen in der Haarwurzel die DNA-Informationen des Täters. So können sie ihn eindeutig überführen.

Hilfreich sind auch Hautschuppen. Das sind abgestorbene Körperzellen auf der Haut, die man einfach so verliert. Ohne Mikroskop sind sie nicht zu erkennen. Manchmal verliert ein Täter oder eine Täterin am Tatort Hautschuppen, weil er oder sie sich stößt oder versehentlich einen Gegenstand berührt. Dann kann ein Experte die DNA-Informationen aus den Hautschuppen ermitteln und bekommt wichtige Hinweise auf den Täter.

Finger- und Fußabdrücke

Manche Spuren findet man ganz ohne Mikroskop und sie sind genauso eindeutig wie die DNA. Es handelt sich um Finger-, Hand- und Fußabdrücke. Jeder Mensch hat andere Fingerabdrücke. Und die Abdrücke von Händen und Füßen sind auch einmalig. Schau dir deine Fingerkuppen einmal an. Dort siehst du ein feines Muster. Und dieses Muster gibt es nur ein einziges Mal auf der Welt. Handabdrücke unterscheiden sich dadurch, wie lang die Finger sind oder wie die Innenfläche der Hand aussieht. Für die Abdrücke von nackten Füßen gilt das Gleiche. Die Zehen sind unterschiedlich lang und gebeugt. Das ergibt ein Muster, das helfen kann, den Täter zu ermitteln.

Wenn du durch eine Pfütze gegangen bist
und auf die trockene Straße kommst, kannst
du deutlich deine Schuhspur auf dem Asphalt
erkennen. Form, Größe und Profil deines
Schuhs sind dort für kurze Zeit abgebildet.
Mit „Profil" ist das Muster gemeint, das auf der
Schuhsohle eingeprägt ist. Diese Schuhspur
verrät einiges über dich. Und so ist es auch
mit den Schuhspuren am Tatort. Die Polizisten
können aus der Spur die Schuhgröße des
Täters ermitteln und oft sogar die Marke der
Schuhe. Sie prüfen auch, wie tief der Schuh-
abdruck ist. Daran können sie ungefähr erkennen, wie groß oder klein, dick oder dünn der
Täter sein könnte. Schwere Menschen hinterlassen auf einem weichen Untergrund tiefere
Fußspuren als leichte Menschen. Achte beim
nächsten Strandurlaub einmal darauf, wie viel
tiefer dein Vater im Sand einsinkt als du. Ein
großer Abstand zwischen zwei Schritten weist

außerdem auf einen großen Menschen hin. Die Polizei kann mithilfe der Fußspur sogar ausrechnen, wie groß der Täter ungefähr ist.

Zurückgelassene Gegenstände

Manchmal kommt es vor, dass die Täter aus Versehen Dinge am Tatort zurücklassen: ein Werkzeug, eine Waffe oder auch etwas, das nichts mit der Tat zu tun hat. Dir ist sicher schon einmal etwas aus der Tasche gefallen. Das kann auch den Tätern passieren. Sie sind vielleicht so stark auf die Tat konzentriert, dass sie nicht merken, wie ihnen ein Taschentuch, ein Zettel oder sonst etwas aus der Tasche fällt. Oft vergessen Täter alles um sich herum, legen einen Gegenstand ab und denken später nicht mehr daran. Damit geben sie der Polizei wichtige Hinweise, ohne es selbst zu bemerken. An den liegen gelassenen Gegenständen befinden sich meistens Fingerabdrücke. Auf manchen Dingen steht sogar der Name. Oder der Gegenstand ist mit einem Zeichen versehen, das nur der Täter oder die Täterin nutzt. Deshalb können zurückgelassene Gegenstände dabei helfen, den Täter zu ermitteln.

Mit einer Zeichnung auf Täterjagd

Sicher hast du schon einmal den Begriff „Phantombild" gehört. Das ist die Zeichnung einer verdächtigen Person, die nach den Erzählungen eines Zeugen angefertigt wurde. Der Zeuge ist derjenige, der eine Tat oder zumindest den Täter beobachtet hat. In dem Wort „Phantombild" steckt der Begriff „Phantom". Ein Phantom ist eine Person, von der man nicht genau weiß, wie sie aussieht und ob es sie überhaupt gibt. Der Zeuge weiß zwar ein wenig über das Aussehen des Täters, aber er kennt ihn nicht wirklich. Er berichtet dem Polizisten möglichst genau, was er von dem Gesicht des Täters oder der Täterin erkannt hat.

Weißt du, wie ein Phantombild entsteht?

In älteren Filmen sieht man oft einen Zeichner, der sich den Täter beschreiben lässt. Heute wird das Phantombild mit dem Computer erstellt.

Das geht viel schneller und der Polizist muss nicht radieren, wenn die Wangen zu dick oder die Nase zu schief ist. Er setzt dem Gesicht einfach eine andere Nase auf, und schon kann es weitergehen. Im Computer sind viele verschiedene Frisuren, Augen, Nasen und andere Gesichtsteile gespeichert. Daraus kann der Beamte das auswählen, was am besten zur Beschreibung des Zeugen passt.

Als Erstes sucht der Polizist die richtige Kopfform. Hier gibt es mehr Möglichkeiten, als du vielleicht denkst. Manche Menschen haben einen eher eckigen Kopf, andere einen runden oder ovalen. Wichtig ist auch, ob der Zeuge den Täter von vorne oder von der Seite gesehen hat.

Je nach Blickwinkel fallen einem andere Dinge auf. Der „Musterkopf" bekommt außerdem eine ███████, die derjenigen des Täters am nächsten kommt.

Danach versucht der Polizist mit dem Zeugen zusammen die ███████ und ███████ zu finden. Sind die Haare ███ oder ███████ oder ███? Es gibt so viele verschiedene Frisuren! Gut, dass im Computer der Polizei eine ganze Menge von ihnen gespeichert sind.

Was fehlt jetzt noch, um ein fertiges Phantombild zu bekommen?

Noch sieht das Phantombild aus wie ein Ei oder eine Kugel mit Haaren. Es fehlen ███████. Aber auch da gibt es viele verschiedene Möglichkeiten, von denen im Computer einige gespeichert sind. Ob jemand eine ███████ oder nicht, ist noch leicht zu erkennen. Bei der ███████ wird es schwieriger. Könntest du sagen, welche Augenfarbe deine Lehrerin hat?

Meistens schaut man nicht so genau hin. Das gilt auch für die Zeugen. Deshalb zeigt ihnen der Polizist, der das Phantombild macht, verschiedene Augentypen: große, kleine, breite, schmale, solche, die eng zusammen oder weit auseinander stehen.

Neben den Augen sind natürlich Nase und Mund wichtig. Ist die Nase groß oder klein, dick oder dünn? Ist der Mund groß oder klein? Sind die Lippen dick oder dünn? Oft sind es Kleinigkeiten, die dabei helfen, eine Person wiederzuerkennen. Die Polizisten versuchen immer wieder das, was der Zeuge gesehen hat, im Computer zu finden und in das Gesicht einzusetzen.

Wenn die wichtigsten Elemente des Gesichts eingefügt sind, geht es an die Besonderheiten. War am Gesicht des Täters etwas Auffälliges zu entdecken? Vielleicht hatte er eine Narbe oder ein Grübchen? Alles, was hilft, den Täter zu erkennen, wird in das Phantombild eingefügt. Je genauer das Bild ist, desto eher kann die

Person wiedererkannt werden. Im besten Fall sehen andere Zeugen das Bild und wenden sich auch an die Polizei.

Welche Gegenstände verändern ein Gesicht und sollten der Polizei genannt werden?

Ein Gesicht wirkt anders, wenn jemand ein Hemd mit ███ trägt oder ein ███ ███ hat. Es macht auch einen Unterschied, wenn ein ███ einen Schatten auf das Gesicht wirft. Die Polizei lässt sich deshalb genau be-schreiben, wie der Täter angezogen war. Trug er eine ███ oder einen ███ einen ███ oder ein ███ Die gesamte Kleidung ist wichtig. Manche Täter tragen sogar spezielle Kleidung, damit sie nicht so schnell erkannt werden. Das kann zum Beispiel eine Strumpfmaske sein. In diesem Fall hätte ein Zeuge aber gar nichts vom Gesicht erkannt. Leicht verändert wirkt das Gesicht aber schon durch ein Käppi oder eine Sonnenbrille.

Wie überführen die Finger-
abdrücke den Täter?

Oft nimmt die Polizei jemanden fest, der sagt, er habe die Tat nicht begangen. Obwohl er dem Phantombild sehr ähnlich sieht, behauptet er, nicht am Tatort gewesen zu sein. Dann schaut sich die Polizei die Spuren vom Tatort erneut an und vergleicht sie mit denen des Verdächtigen. Vor allem überprüft sie die DNA-Spuren und die Fingerabdrücke. Fingerabdrücke hinterlässt ein Täter immer dann, wenn er keine Handschuhe anhatte. Eigentlich sind es ja die Abdrücke der Fingerkuppen, die sich ganz vorn am Finger befinden. Im Fernsehen sieht es oft so aus, als nutze die Polizei dafür ein Stempelkissen aus dem Büro. Aber heute werden die Finger-kuppen meist elektronisch gescannt. So kann man sie sofort mit den Ab-drücken vergleichen, die schon im Computer gespeichert sind.

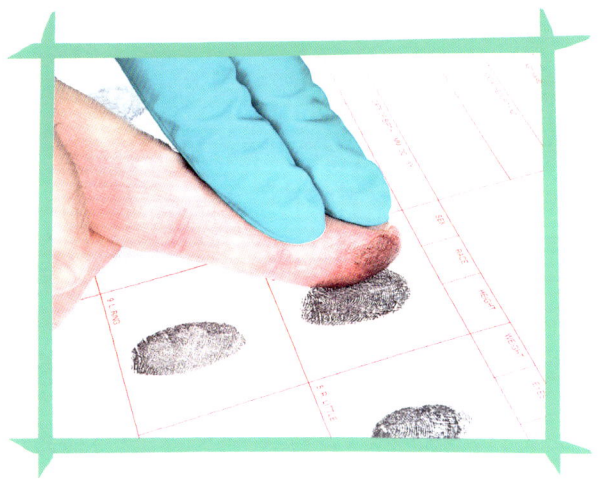

Solch ein Scanner ist allerdings sehr teuer.
Deshalb werden die Abdrücke in kleineren
Polizeirevieren immer noch mit speziellen
Stempelkissen abgenommen. Diese Kissen
dürfen allerdings nicht zu viel Farbe abgeben.
Schließlich müssen alle kleinen Linien der
Fingerkuppe zu erkennen sein. Diese Linien
heißen Papillarlinien. Der Verdächtige muss
nacheinander jeden einzelnen Finger beider
Hände auf das Stempelkissen oder den Scanner
drücken. Dabei hilft ein Polizist. Es kommt
nämlich darauf an, dass die Fingerkuppen weder
zu fest noch zu leicht auf das Kissen gedrückt
werden. Drückt man zu fest, vermischt sich
vielleicht die Farbe der Linien. Drückt man zu

leicht, sind womöglich nicht alle Linien zu sehen. Die Fingerkuppen werden dann nacheinander auf eine weiße Karte gedrückt.

Nun hat die Polizei die Fingerabdrücke. Weißt du noch, was sie damit macht?

Die Fingerabdrücke des Verdächtigen werden im Computer gespeichert. Dort sind schon Millionen anderer Fingerabdrücke. Immer wenn jemand eine Straftat begeht, werden seine Fingerabdrücke zu dieser Sammlung hinzugefügt. Alle Abdrücke werden in einer großen Datenbank gespeichert. Bei jedem Fingerabdruck steht der Ort, an dem er gefunden wurde, oder der Name der Person, von der er stammt. Ist jemand verdächtig, kann die Polizei seine Abdrücke schnell mit denen im

Computer vergleichen. Dafür gibt es natürlich ein besonderes Computerprogramm. Manchmal stellt sich bei der Suche heraus, dass der Verdächtige schon an einem anderen Tatort Fingerabdrücke hinterlassen hat.

Weißt du noch, wie die Polizei Fingerabdrücke auf Gegenständen sichert?

Die Fingerabdrücke von Menschen zu nehmen, ist leicht: Zuerst wird die Fingerkuppe auf das Stempelkissen gedrückt, dann auf das Papier – fertig ist der Fingerabdruck. Das kannst du sogar zu Hause mit deinen Freunden und dem Stempelkissen deiner Eltern machen. Aber wie schafft es die Polizei, Fingerabdrücke von einem Fensterrahmen zu nehmen? Dazu wird ein feines Pulver auf die Fläche gestreut. Das Pulver bleibt an dem bereits vorhandenen Fett/Öl haften, das die Finger hinterlassen haben. Danach bestäubt man es. Das ist so ähnlich, wie wenn du mit Klebstoff eine Figur auf Papier malst und anschließend Konfetti darauffallen lässt. Nur auf dem Klebstoff hält das Konfetti. Dasjenige, das außerhalb dieser Fläche liegt, lässt sich leicht wegpusten. Anschließend ist nur noch die Figur zu sehen. Den Fingerabdruck fotografiert die Polizei und nimmt ihn dann mithilfe eines Klebebands vom Untergrund ab. Das Klebeband wird auf eine Karte geklebt, und schon ist der Fingerabdruck gesichert. Allerdings hinterlassen wir nicht überall Fingerabdrücke, sondern nur auf glatten Flächen wie Holz oder Glas. Auf einem Schal oder Pullover haften die Abdrücke nicht.

Wie helfen die Fingerabdrücke der Polizei,
einen Verbrecher zu überführen?

▓▓▓▓▓▓▓▓▓▓▓▓▓▓▓▓▓▓▓▓▓▓▓▓▓▓▓
▓▓▓▓▓▓▓▓▓▓▓▓▓▓▓▓▓▓▓▓▓▓▓▓▓▓▓
▓▓▓▓▓▓▓▓▓▓▓▓▓▓▓▓▓▓▓▓▓▓▓▓▓▓▓ Der Computer überprüft
alle Papillarlinien, ihre Krümmungen und die
Abstände dazwischen. Er sucht nach Überein-
stimmungen zwischen den Abdrücken eines
oder mehrerer Verdächtiger und denen auf dem
Klebeband.

41

Den Verdächtigen auf der Spur

Einem Verdächtigen die Tat nachzuweisen ist der letzte Schritt in der Polizeiarbeit. Zunächst einmal muss die Polizei überhaupt einen Verdächtigen haben! Bis es soweit ist, sprechen die Ermittler mit unzähligen Menschen. Sie fahren zu ihnen hin oder sie laden sie ins Präsidium ein, um ihnen in Ruhe Fragen zu stellen.

Als Erstes spricht die Polizei natürlich mit den Opfern des Verbrechens. Die Polizisten befragen zum Beispiel den Verkäufer eines Geschäfts, das überfallen wurde. Oder sie sprechen mit Menschen, die auf der Straße angegriffen und ausgeraubt wurden. Sie befragen auch die Angehörigen des Opfers. Dazu zählen Ehefrau oder Ehemann, die Geschwister, die Eltern, die Kinder oder die Mitbewohner. Bei diesen Gesprächen will die Polizei herausfinden, warum sich die Täter ausgerechnet diese Opfer ausgesucht haben und was sie damit erreichen wollten. Das heißt, die Polizei sucht nach einem Motiv.

Versuche in einem Satz zu erklären, was ein Motiv ist.

Es gibt Täter, die ein Verbrechen verüben, weil sie Spaß daran haben. Zum Glück ist das selten. Meist haben die Täter ein Motiv. ███████ War ein Kunde vielleicht sauer auf einen

Ladenbesitzer und hat ihn deshalb überfallen? Fühlte sich ein junger Mann von seiner Freundin ungerecht behandelt und hat sie deshalb geschlagen? Jeder Täter hat ein anderes Motiv.

 Das Motiv ist die Verbindung zwischen dem Täter und dem Opfer. Eigentlich kennst du das aus eigener Erfahrung: Wenn dein Lieblingsfüller in der Schule plötzlich verschwunden ist, denkst du vielleicht, er wäre gestohlen worden. Du verdächtigst als Erstes die Mitschüler, die neidisch waren oder die dich vor Kurzem geärgert haben. Sie hatten ein Motiv, den Füller zu nehmen, weil sie ihn selbst gern hätten oder dir das schöne Stück nicht gönnen.

Wen könnten die Polizisten außer den Angehörigen und dem Opfer noch befragen?

Wenn ein Verbrechen geschieht, sind oft Menschen in der Nähe. Sie haben alles oder auch nur Teile davon mitbekommen. Deshalb befragt die Polizei diese Menschen. Man bezeichnet sie als Zeugen. Zeugen sind zum

Beispiel die Kunden in einer Bank, die überfallen wurde.

Oft haben die Zeugen das Verbrechen nur aus der Ferne beobachtet und deshalb nicht eingegriffen. Manchmal haben sie auch nur eine verdächtige Person bemerkt, die sich am Tatort umgesehen hat. Zeugen helfen der Polizei dabei, die genaue Zeit und den Ort der Tat zu ermitteln. Und sie können etwas über das Aussehen des Täters oder der Täterin sagen. Auch seine oder ihre Stimme können sie manchmal beschreiben oder die Art, wie er oder sie gesprochen hat. Alles, was die Zeugen sagen, schreibt die Polizei auf, denn es könnte wichtig werden.

Außer den Zeugen befragt die Polizei auch Menschen in der Umgebung des Tatorts. Sie erkundigt sich, ob diesen Leuten etwas aufgefallen ist. Vielleicht stand am Tatort ein Auto mit einer auffälligen Aufschrift. Oder jemand hat einen verdächtigen Gegenstand vor seinem Haus gefunden. Wenn die Polizei schon einen

Verdächtigen hat, zeigt sie bei ihren Befragungen ein Foto von diesem Verdächtigen. Es kann ja sein, dass einer der Nachbarn diese Person in der Nähe des Tatorts bemerkt hat.

Die Verbrecherjagd hat wirklich viel mit Fragen und Antworten zu tun. Wenn die Polizei dann

endlich eine verdächtige Person hat, spricht
sie auch mit dieser. Meist lädt sie den Mann
oder die Frau zu einer Vernehmung ins Polizei-
präsidium ein. Die Polizei will herausfinden, ob
er oder sie Zeit gehabt hätte, das Verbrechen zu
begehen. Sie ermittelt das Motiv und überlegt,
wie es die verdächtige Person angestellt haben

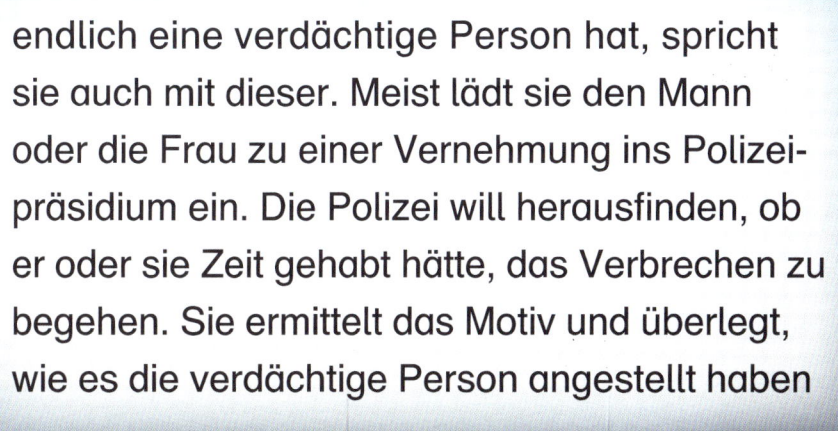

könnte, die Tat auszuführen. Es kann sogar sein, dass die Polizei Menschen befragt, die den Verdächtigen kennen.

Was machen die Polizisten mit den ganzen Informationen?

Die Antworten auf alle Fragen werden aufgeschrieben. Es wird überprüft, wie die Antworten zu den Spuren vom Täter passen. Man klärt außerdem, ob sie mit dem übereinstimmen, was die Zeugen sagen. Wenn alles zusammenpasst, hat die Polizei ihren Täter oder ihre Täterin gefunden.

Die Tricks der Polizei

Um ein Verbrechen aufzuklären, sind viele Dinge nötig: Die Polizei muss Spuren sichern und vergleichen, Leute befragen und die Verdächtigen finden. Am Ende kann sie, wie bei einem Puzzle, alle Teile zu einem Bild zusammenfügen. Was die Verbrecherjagd so schwierig macht, ist die Tatsache, dass die Verbrecher nicht gefunden werden wollen. Wenn du mit Freunden Verstecken spielst, versteckst du dich zwar gut, aber wenn dich längere Zeit keiner findet, wird dir langweilig. Also rufst du zwischendurch oder wirfst ein Steinchen. Der Verbrecher macht das nicht. Der versteckt sich oder verändert sogar sein Aussehen. Deshalb braucht die Polizei Tricks, mit denen sie ihm trotzdem auf die Spur kommt. Aber Vorsicht: Diese Tricks darf selbst die Polizei nicht immer anwenden, sondern sie muss zuerst einen Richter um Erlaubnis fragen.

Was macht die Polizei, wenn sie glaubt,
in der Wohnung eines Verdächtigen wichtige
Hinweise zu finden?

Die Polizei darf etwas, das sonst niemand darf.
Sie darf Wohnungen und Häuser durchsuchen,
wenn sie den Verdacht hat, dass ein Verbrecher darin wohnt. Dafür braucht sie eine besondere Erlaubnis von einem Richter. Solch eine
Erlaubnis bekommt nur die Polizei. Du könntest
natürlich nicht einfach beim Richter anrufen
und sagen, du möchtest die Wohnung von deiner Oma nach deinem Weihnachtsgeschenk
durchsuchen.

Bei einer Hausdurchsuchung schaut die Polizei
nach Spuren und Gegenständen, die zu den
Spuren vom Tatort passen. Manchmal hofft sie
auch, den Verdächtigen selbst in der Wohnung
vorzufinden.

Wie kann das Telefon bei der Suche nach dem
Täter helfen?

Bei anderen Verbrechen darf die Polizei bestimmte Leute wegen Verdachts ihrer Gespräche abhören.

Wenn die Ermittler einen ganz starken Verdacht haben, dass jemand ein schlimmes Verbrechen planen könnte, darf sie eine Zeit lang seine Gespräche belauschen. Dafür braucht sie eine besondere technische Ausrüstung. Vor allem braucht sie aber die Erlaubnis eines Richters. Und die bekommt sie wirklich nur, wenn ihr Verdacht gegen diese Personen gut begründet ist.

Kennst du noch weitere Tricks der Polizei?

Die Polizei darf bei der Verbrecherjagd viel mehr als der normale Bürger. Sie darf zum Beispiel Dinge aus der Wohnung eines Verdächtigen mitnehmen. Das geht allerdings nur, wenn diese Dinge bei der Aufklärung des Verbrechens helfen. Häufig packen die Polizisten den Computer oder das Smartphone ein. Damit können sie überprüfen, welche Internetseiten zuletzt besucht wurden und worüber sich die Verdächtigen mit Freunden in Mails ausgetauscht haben. Der Plan für ein Verbrechen hängt zwar nicht als Anhang an einer Mail, aber der Text mancher Mails verrät trotzdem etwas. Auch Aktenordner mit Rechnungen und Konto-auszügen werden häufig mitgenommen.

Was könnte die Polizei sonst noch mitnehmen?

Eine Briefmarkensammlung nimmt die Polizei ebenso wenig mit wie Opas Goldmünzen. Allerdings interessiert sie sich sehr für Waffen. Die Ermittler suchen in der Wohnung eines Verdächtigen häufig nach Pistolen, Gewehren, Messern und anderen Waffen, mit denen man jemanden verletzen kann.

Wie kann das Labor bei der Aufklärung helfen?

Warst du schon einmal in einem Labor? Da stehen oft viele Gläser mit eigenartigen Flüssigkeiten herum. Und es gibt natürlich jede Menge Computer. Im Labor der Polizei werden Spuren ausgewertet, die mit dem bloßen Auge nicht sichtbar sind. Deshalb gibt es dort auch Mikroskope. Die Mitarbeiter vergleichen zum Beispiel Blutstropfen oder andere DNA-Spuren. Sie untersuchen aber auch Fusseln von Kleidungsstücken oder die Erde an den Schuhen eines Mordopfers. Das alles gibt Hinweise auf Tatort und Täter.

Wonach sucht die Polizei an Körper und Kleidung des Opfers?

Wenn ein ganz schlimmes Verbrechen geschehen ist und ein Mensch getötet worden ist, spielt das Labor eine besonders wichtige Rolle. Da man das Opfer selbst nicht mehr befragen kann, wird an Körper und Kleidung nach Hinweisen auf den Täter gesucht. Wenn es vor dem Tod des Opfers zu einer Schlägerei gekommen ist, finden sich am Körper des Opfers vielleicht Blutspuren des Täters. Diese Spuren müssen

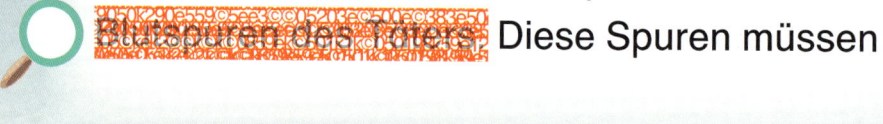

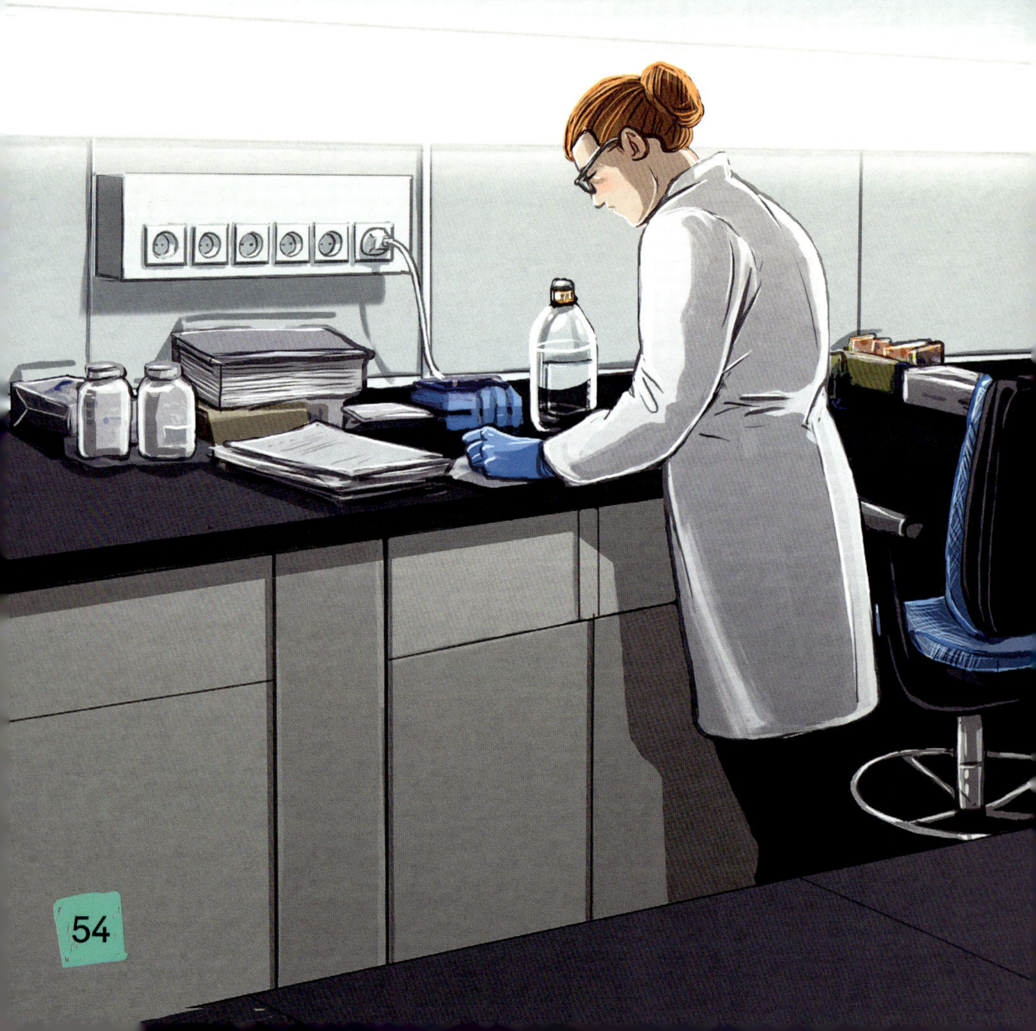

gesichert werden. Manchmal stoßen die Polizisten auf ░░░ All diese Spuren können sich an einem getöteten Menschen befinden. Und sie werden, wie alle anderen Spuren, im Computer gespeichert.

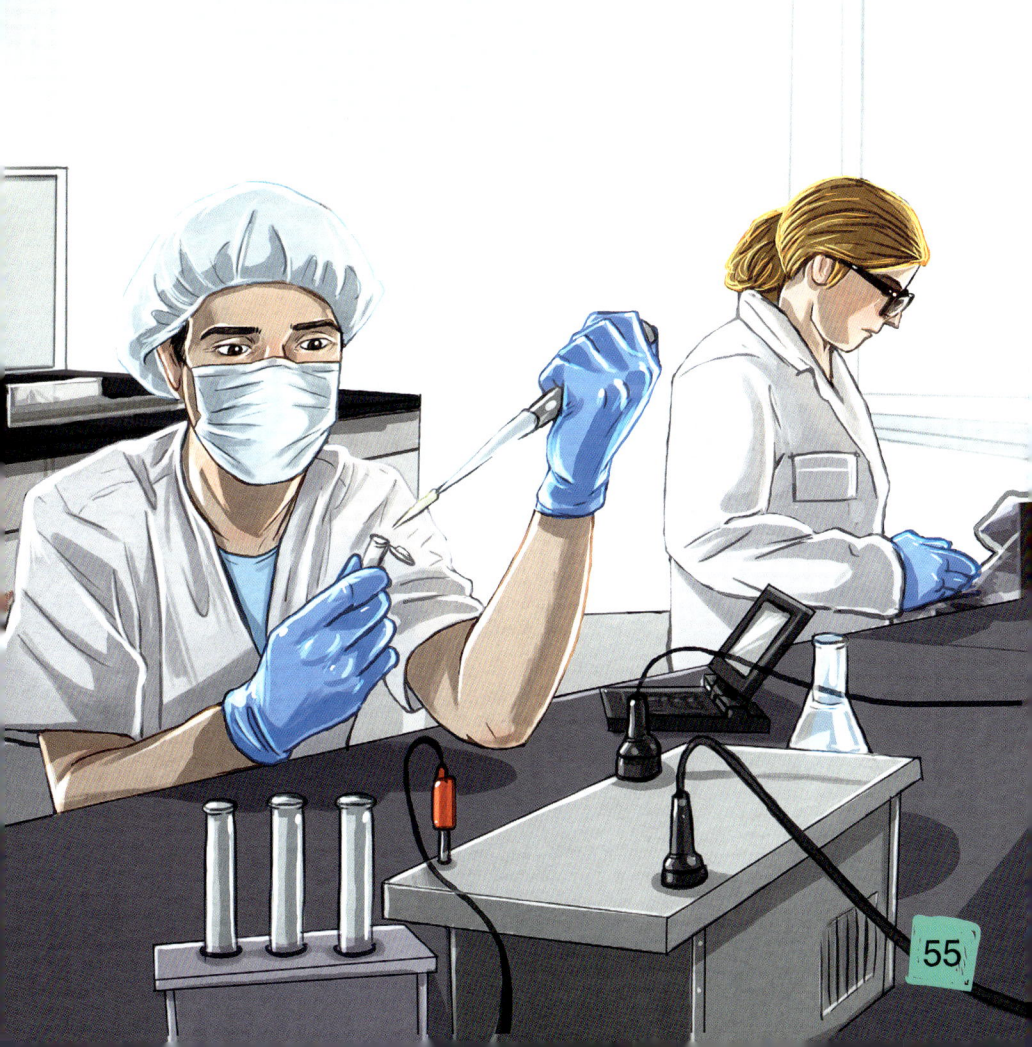

Auch die Erde an den Schuhen des Opfers kann weiterhelfen: Die Ermittler vergleichen sie mit der Erde, die sich am Tatort befindet. Finden sie an den Schuhen noch andere Erdreste als diejenigen vom Tatort, versuchen sie herauszufinden, wo das Opfer kurz zuvor gewesen ist: in einem Wald, an einem sandigen Flussufer oder auf einem schlammigen Feldweg?

Wie können die Spuren im Labor entschlüsselt werden?

Im Labor wird auf verschiedene Weise gearbeitet. Das hängt ganz von der Spur ab. Manche Dinge schauen sich die Mitarbeiter [unleserlich] [unleserlich] Ein Mikroskop kennst du, oder? Damit kannst du kleine Dinge ganz groß machen und sie so genau ansehen. Was dir auf den ersten Blick völlig gleich vorkommt, sieht unter dem Mikroskop vielleicht ganz unterschiedlich aus. Und dann kommen im Labor [unleserlich] zum Einsatz. Manche Dinge kann man nur sehen [unleserlich]

Die Mitarbeiter des Labors müssen
eine sehr ruhige Hand haben und dürfen nicht
zittrig sein. Sie müssen immer sehr vorsichtig
arbeiten. Schon ein Niesen an der falschen
Stelle kann die Spur zerstören.

Weshalb muss sich die Polizei mit Handschriften beschäftigen?

Im Polizeilabor gibt es viele Experten, die aus
allen Spuren etwas herauslesen können. Auch
aus einem Schon die
Fingerabdrücke auf dem Papier könnten den
Täter überführen. Schau dir deine
Handschrift und die deines Freundes an. Sie
sind völlig unterschiedlich, oder? Eure Lehrerin
könnte bestimmt sofort erkennen, wer was
geschrieben hat. Nun kennen die Polizisten
natürlich nicht die Handschriften aller Straftäter.
Sie versuchen vielmehr,

Dazu sammeln sie die Besonderheiten dieser Handschrift. Sie schauen sich die Form der Buchstaben an. Außerdem achten sie darauf, ob jemand mit dem Stift fest aufdrückt oder ihn leicht über das Papier gleiten lässt.

Ein Fall wird gelöst

Du siehst, die Polizei erfährt unglaublich viel über den Täter oder die Täterin. Das kostet Zeit und eine Menge Menschen sind daran beteiligt. Aber irgendwann ist es soweit! Dann sind genug Puzzleteile vorhanden und das Bild des Täters ist klar zu erkennen. Nun muss die Polizei diesen Tatverdächtigen nur noch finden und verhaften.

Aber wie findet die Polizei den Täter?

Du würdest einfach zum Täter fahren und ihm Handschellen anlegen? Manchmal klappt das tatsächlich. Dann sucht die Polizei in ihrem großen Computer nach der Adresse des Täters, fährt hin und nimmt ihn fest. Es kommt aber auch oft vor, dass diese Person nicht zu Hause ist. Sollte sie bei der Arbeit sein, kann die Polizei sie dort antreffen. Wenn sie sich jedoch versteckt oder verreist ist, folgen neue Ermittlungen.

 Kann die Polizei die verdächtige Person nicht finden, fahndet sie nach ihr. Ein Foto oder das Phantombild wird an sämtliche Polizeidienststellen in Deutschland oder der ganzen Welt geschickt. Neben oder unter dem Bild steht alles, woran man den Täter erkennen kann. Nun wissen alle Polizisten, dass diese Person verhaftet werden soll. Wird der Täter auch damit nicht gefunden, schickt die Polizei das Foto an Fernseh- und Radiosendungen sowie an verschiedene Zeitungen. Dann kann es sein,

dass der Täter sich plötzlich selbst in der Zeitung sieht. Aber vor allem sehen viele Menschen das Foto und können die Polizei benachrichtigen, sobald sie die abgebildete Person entdecken.

Was tust du, wenn du eine Tat beobachtest?

Nur die Polizei darf eine Verhaftung vornehmen. Wenn jemand den Täter sieht, muss er die Polizei anrufen. Natürlich so, dass der Täter es nicht bemerkt.

Du kannst sie sogar vom Handy aus anrufen, wenn dein Guthaben aufgebraucht ist!

Die Polizei kommt dann und verhaftet den Täter oder die Täterin. Verhaften bedeutet, dass sie die Person mitnimmt und ihr sagt, welcher Verdacht gegen sie vorliegt. Wenn alle Puzzleteile zusammenpassen, wird der oder die Verdächtige vor einem Gericht angeklagt.

Darf die Polizei einen Verdächtigen einfach einsperren?

Die Polizei darf einen Verdächtigen höchstens einen Tag lang festhalten. Wenn sie fürchtet, dass er das Land verlässt, während die Beamten weiter ermitteln, kann sie Untersuchungshaft beantragen. Die muss aber von einem Richter genehmigt werden. Mit dieser Haft wird verhindert, dass der Verdächtige das Land verlässt oder sich versteckt. Die Polizei kann in dieser Zeit weiter an dem Fall arbeiten.

Am Ende muss allerdings ein Gericht entscheiden, ob die Polizei richtig liegt. Dieses Gericht

bestimmt auch, wie hoch die Strafe ausfällt.
Deshalb muss die Polizei ganz genau arbeiten.
Sie darf nicht schummeln oder etwas weglas-
sen. Was gäbe es Schlimmeres, als wenn ein
Unschuldiger mehrere Jahre im Gefängnis
sitzen müsste?

Wenn jede neue Spur zum Täter führt, ermittelt
die Polizei nicht weiter. Dann kümmert sich das
Gericht um den Fall. Zum Gericht gehören die
Richter, die am Ende entscheiden, welche Strafe
der Täter bekommt. Zum Gericht gehört aber
auch die Staatsanwaltschaft. Wie der Name
schon sagt, sind das die Anwälte des Staates.
Sie vertreten vor Gericht das, was die Polizei
herausgefunden hat. Der Täter hat ebenfalls

einen Anwalt, der für ihn spricht und den Richtern erklärt, was aus seiner Sicht vorgefallen ist. Aus allen Meinungen muss sich der Richter dann ein Bild machen und ein Urteil sprechen. Aber das ist eine andere Aufgabe. Die Verbrecherjagd der Polizei ist hier zu Ende. Die Ermittler sind schon längst dem nächsten Verbrecher auf den Fersen. Sie sammeln wieder Spuren, stellen Fragen und basteln daraus ein neues Täterpuzzle.